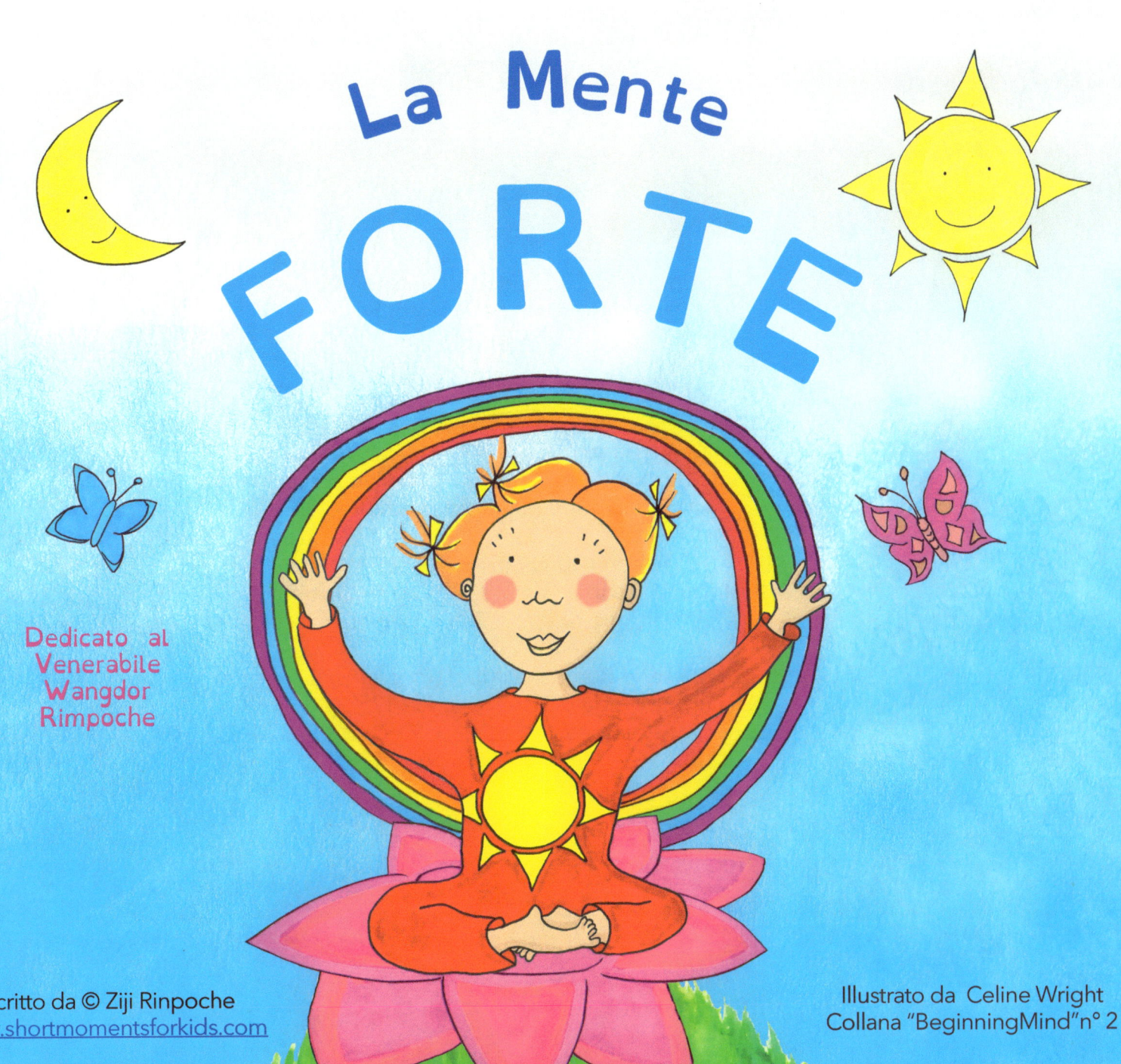

Copyright © 2020 Short Moments for Kids
(*Brevi Momenti per i piccoli*)
Traduzione Italiana © 2022

Tutti i diritti riservati.

Nessuna parte di questa pubblicazione
può essere riprodotta o distribuita sotto alcuna forma
senza il consenso scritto dell'editore.

Testo © 2020 Ziji Rinpoche
Illustrazioni e copertina © 2020 Celine Wright
2ª edizione © 2021 Celine Wright

Libro n° 2 della serie BeginningMind (*IncominciaLaMente*)
Copertina rigida ISBN: 978-1-915175-24-3
Copertina flessibile ISBN: 978-1-915175-23-6
Ebook ISBN: 978-1-915175-37-3

http://shortmomentsforkids.com

Short Moments of Strong Mind
for Kids

Dedicato a...te!

Pratica la mente forte quando hai emozioni tempestose
perché la mente forte è sempre felice, calma
e possiede una potentissima gentilezza d'animo.
La mente forte è sempre disponibile per aiutarti.
La mente forte appartiene a te e nessuno può portartela via!
Appartiene a te!

La mente è gentile d'animo. La mente è amorevole. La mente è sempre forte e intelligente.

Quando contiamo su una mente forte, la nostra gentilezza d'animo e potente energia cresce.

Come sai le parole da dire quando parli?

La mente dice a pensieri
ed emozioni
cosa fare.

I nostri pensieri e le nostre emozioni
ci volano accanto come un uccello nel cielo
senza lasciare traccia.

Mmmm, a proposito di emozioni tempestose,
dove sono le emozioni tempestose?
Guardiamo un po'. Sono forse...

nella tua schiena?

nel tuo ditone del piede?

La mente è forte e calma come il cielo.
Le emozioni tempestose sono come un arcobaleno in cielo.

Proprio come un arcobaleno svanisce velocemente, anche le emozioni tempestose svaniscono.

La mente forte è gentile d'animo e completamente piena...

...di potente energia.

## L'autrice Ziji Rinpoche e il suo Maestro Wangdor Rimpoche

Ziji Rinpoche ama insegnare e scrivere, e il suo libro più recente è intitolato "Quando si cavalca uno Tsunami...". Ziji Rinpoche è successore di Lignaggio Dzogchen del Venerabile Wangdor Rimpoche. Ciascuna metafora e istruzione fondamentale prende origine dagli Insegnamenti Dzogchen che vengono tramandati da un Insegnante all'altro, susseguendosi come una catena di montagne d'oro.

Wangdor Rimpoche ha chiesto a Ziji Rinpoche di attuare l'avanzamento dello Dzogchen in seno alla cultura globale contemporanea. Ziji Rinpoche ha stabilito la comunità online di Short Moments per un reciproco supporto nell'acquisire familiarità con la natura della mente. Tramite l'app di Short Moments, chiunque può aver accesso a profondi e potenti insegnamenti Dzogchen.
Scopri di più su http://shortmoments.com

## L' illustratrice Celine Wright

Celine ama disegnare, espandere responsabilità e potere nei bambini e raccontare storie. Quando Celine fu introdotta alla natura della mente da Ziji Rinpoche, fu strabiliata dal potere della mente, aperta come il cielo, sempre limpida e saggia a prescindere da che emozioni tempestose ci siano.

Ha riconosciuto che le sarebbe piaciuto molto imparare circa la mente quand'era bambina. Fu ispirata a illustrare gli insegnamenti in libri per l'infanzia che introducano la mente forte ai bambini. Abbinando la sua educazione in Belle Arti (BA), Arti dello Spettacolo (MA), Dzogchen (Studentessa di Ziji Rinpoche dal 2007) e come Educatrice dell'Infanzia (*Childminder*), Celine ora insegna Dzogchen per bambini, presenta letture dal vivo presso scuole e festival, e ama illustrare nuovi libri su http://shortmomentsforkids.com

Troverai altri libri della serie "BeginningMind" ("*IniziaLaMente*") o della nostra Collezione di Perle, che educa cuori e menti, su http://shortmomentsforkids.com

Iscriviti alla nostra lista email per ricevere un ebook gratuito!

Sei benvenuto a lasciare una recensione. Queste aiutano altri a scoprire le gemme dei brevi momenti nella loro vita.

Sul nostro sito web troverai anche un blog su come essere di supporto ai bambini nell'affidarsi alla mente forte con le loro emozioni tempestose, e informazioni sulle nostre lezioni settimanali di Dzogchen per i piccoli via Zoom.

Sui Social: @short_moments_for_kids

www.ingramcontent.com/pod-product-compliance
Lightning Source LLC
Chambersburg PA
CBHW041502220426
43661CB00016B/1228